ADMINISTRATION ET COMPTABILITÉ INTÉRIEURES

DES CORPS DE TROUPE

ORDINAIRES

LIVRE

DE

CUISINE MILITAIRE

AUX MANŒUVRES ET EN CAMPAGNE

Volume arrêté à la date du 7 juillet 1909.

PARIS

Henri CHARLES-LAVAUZELLE

Éditeur militaire

10, Rue Danton, Boulevard Saint-Germain, 118

(MÊME MAISON A LIMOGES)

ADMINISTRATION ET COMPTABILITÉ INTÉRIEURES
DES CORPS DE TROUPE

ORDINAIRES

LIVRE

DE

CUISINE MILITAIRE

AUX MANŒUVRES ET EN CAMPAGNE

Volume arrêté à la date du 7 juillet 1909.

PARIS

Henri CHARLES-LAVAUZELLE

Éditeur militaire

10, Rue Danton, Boulevard Saint-Germain, 118

(MÊME MAISON A LIMOGES)

Paris, le 7 juillet 1909.

Le Sous-Secrétaire d'Etat au ministère de la guerre, à MM. les Gouverneurs militaires de Paris et de Lyon; les Généraux commandant les corps d'armée (Intérieur, Algérie); le Général commandant la division d'occupation de Tunisie.

Plus encore qu'en garnison, l'attention des chefs doit être portée, en temps de guerre ou de manœuvres, sur l'alimentation du soldat. Tout n'est pas fait quand on a distribué en quantité suffisante des denrées de bonne qualité ; il faut s'assurer encore qu'elles seront convenablement apprêtées et utilisées, de manière à produire le maximum de rendement dans le minimum de temps.

Il ne suffit plus, pour obtenir ce résultat, de dresser quelques hommes aux fonctions de cuisinier, il faut que chacun, suivant les circonstances, soit à même, en utilisant l'outillage rudimentaire dont on dispose, de préparer son repas et celui de ses camarades qui seraient dans l'impossibilité de le faire.

Quand l'homme arrive à l'étape, après une journée de fatigue, il éprouve parfois le besoin de se reposer plus que le besoin de manger.

Il faut l'empêcher de céder à une tendance qui réserverait de graves déceptions pour le lendemain. Les gradés, par leurs conseils et par leur autorité, le feront réagir.

Les formules du livre de cuisine en campagne peuvent être réalisées par tous et partout ; les quantités et les temps sont minutieusement indiqués, il ne peut donc y avoir nulle surprise, et la préparation des aliments doit être considérée, quel que soit le fractionnement de l'unité, comme une des obligations les plus impérieuses et les plus essentielles de la vie de campagne.

Le Sous-Secrétaire d'Etat
au ministère de la guerre,

HENRY CHÉRON.

PRÉLIMINAIRES

Ce livre est le complément du livre de cuisine militaire en garnison.

Un certain nombre de recettes du livre de cuisine en garnison pourront avantageusement être exécutées en campagne et aux manœuvres.

Il n'a pas paru nécessaire de les reproduire. Elles seront trouvées sans peine par les cuisiniers du temps de paix, qui sauront donner à leurs camarades les conseils utiles à une préparation appétissante des denrées à mettre en œuvre.

Les commandants d'unités ont à prévoir, pour nourrir leurs hommes dans les meilleures conditions :

1° Le repas du matin qui comprendra généralement le quart de café avec du pain et qui sera, si possible, augmenté d'une soupe, cuite la veille de préférence et réchauffée avant le départ ou maintenue chaude toute la nuit ;

2° Le repas de midi pris à la grand'halte ou au cantonnement ;

3° Le repas du soir. Ce repas sera le plus substantiel. On s'efforcera de le faire meilleur et abondant. De lui dérivera en partie le repas de la grand'halte du lendemain ;

4° Il y a également lieu de prévoir, dans le cas où le repas du soir ne pourrait être servi qu'à une heure trop tardive, une collation composée, suivant les ressources dont on dispose, d'aliments froids ou rapidement préparés.

Les commandants d'unités fixent, à l'arrivée au cantonnement, le menu du repas et l'heure à laquelle il sera consommé ; c'est le moyen d'éviter les gaspillages, d'obliger les hommes parfois fatigués à ne pas se contenter de préparations insuffisamment réparatrices ou mal exécutées.

Les unités cantonnées devront avoir recours, toutes les fois que la chose sera possible, au matériel prêté par les habitants.

On cherchera en particulier à utiliser les ustensiles à grande capacité et on s'efforcera de faire la cuisine pour une section, un peloton et même la compagnie entière.

Toutefois, les ustensiles ayant pu servir à divers usages autres que des préparations alimentaires (lessives, sulfatages, etc.), il est indispensable de toujours les nettoyer avec soin avant de les utiliser.

Ce système employé à propos offre de multiples avantages :

1° Il accorde aux hommes le maximum de repos par la réduction du nombre des cuisiniers ;

2° Il assure une meilleure répartition des aliments par une utilisation plus rationnelle des denrées confiées en principe aux cuisiniers du temps de paix ;

3° Il procure une économie notable du combustible ;

4° Il permet une surveillance plus efficace de la part des officiers ;

5° Dans les troupes à pied, il facilite la confection des havre-sacs dès le soir après le repas.

Si les ressources du cantonnement de l'unité ne permettent pas d'utiliser exclusivement du matériel prêté par les habitants, le fourrier ou le caporal du campement réservera un ou deux récipients de grande capacité pour la cuisson en bloc des légumes secs, du riz, des pommes de terre, etc.

La mise en train et la surveillance de la cuisson seront confiées à un des cuisiniers en fonction. Les caporaux enverront chercher les légumes ainsi cuits à l'heure du repas, dans les ustensiles de l'escouade.

Cette façon d'opérer donnera d'excellents résultats en manœuvres notamment, où le caporal d'ordinaire fait souvent partie du campement et où il peut faire mettre en train ces légumes qui, de la sorte, seront cuits en même temps que la soupe.

. Les recettes du présent formulaire ont été établies pour quatre hommes, c'est-à-dire dans l'hypothèse de l'emploi du matériel de campement collectif. Il suffit de prendre le quart des quantités indiquées pour les appliquer au cas de l'emploi du matériel de campement individuel, les temps restant les mêmes.

De même si l'on dispose de récipients de grande capacité (marmites de peloton pour la cavalerie, ou ustensiles prêtés par les habitants), il sera facile d'augmenter les quantités indiquées, d'après le nombre d'hommes pour lequel la cuisine sera faite dans les mêmes récipients.

Enfin, à mesure que l'on utilisera les cuisines roulantes, l'évaluation des quantités nécessaires se fera sans peine, soit que le cuisinier applique le présent formulaire, soit qu'il applique les recettes du livre de cuisine en garnison.

CHAPITRE Ier

Le personnel. — Les denrées.

Il n'est pas toujours possible au capitaine d'indiquer à l'avance au caporal d'ordinaire les denrées à acheter pour la compagnie. Aussi est-il indispensable que ce gradé possède des connaissances acquises en garnison sur la qualité des denrées et sur les quantités nécessaires, de manière à éviter les mécomptes.

En campagne ou aux manœuvres, le caporal d'ordinaire doit être un gradé de choix, d'une probité scrupuleuse et susceptible d'une initiative intelligente pour les achats, tant au point de vue du choix que du prix et de la qualité des denrées.

C'est de son dévouement et de son activité que dépendra en grande partie la manière dont les hommes seront nourris, et il devra s'ingénier, en campagne surtout, où le boni aura vite disparu, à pourvoir au meilleur compte la compagnie des denrées qui pourront lui être utiles.

§ 1er. — *Les cuisiniers.*

En campagne, chacun doit pouvoir préparer à un moment donné des aliments pour soi-même ou pour ses camarades.

Le présent livre indique la manière de faire des plats substantiels sur des feux de fortune et dans les ustensiles ordinaires de campement collectif ou individuel.

Il reste toutefois entendu que les cuisiniers d'escouade sont désignés d'avance parmi les soldats robustes et propres, et qui ont passé, autant que possible, quelque temps dans les cuisines de garnison en qualité d'aides-cuisiniers.

§ 2. — *Les viandes.*

Les viandes provenant le plus souvent d'animaux récemment

abattus ne sont pas assez rassises pour être consommées rôties ou, grillées.

Il est conseillé de les traiter par les seuls modes de cuisson susceptibles de les rendre parfaitement comestibles et savoureuses : l'ébullition et le braisage.

. En cuisine de garnison il est recommandé de ne pas trop morceler la viande mise à cuire.

En campagne, en raison des distributions parfois tardives, il est préférable au contraire de diviser ces viandes, *après désossage*, pour en activer la cuisson.

La pièce de bœuf de 1.600 grammes qui, en garnison, serait mise en bloc dans la marmite, devra être divisée en seize morceaux, dont huit seront servis au repas du soir au cantonnement et le reste mis en réserve après la cuisson pour le repas du lendemain matin à la grand'halte.

La viande conservée à court terme peut être employée pour la soupe, en ragoût ou en rôti, absolument comme la viande fraîche ordinaire. Il conviendra, avant de l'employer, de la brosser et de la gratter avec un couteau, un manche de cuiller ou un morceau de bois, surtout dans les replis des chairs et dans les anfractuosités osseuses.

Cette viande sera minutieusement lavée et rincée, de manière à faire disparaître l'excès de sel resté à la surface.

Le bouillon et les autres préparations faites avec cette viande ne seront salés qu'après cuisson, au moment où le cuisinier goûte si l'assaisonnement est à point.

Il est conseillé d'éviter, surtout par les chaleurs, de placer dans les gamelles la viande cuite la veille et destinée au repas de grand'halte.

Cette viande, mise dans le pain soit en sandwich, soit dans une cavité obtenue en enlevant un morceau de mie qu'on replacera sur la viande, sera transportée dans les meilleures conditions de propreté et de conservation.

Dans les unités, on prendra les précautions nécessaires pour que la viande de la distribution soit placée dans des sacs lavés fréquemment et on la couvrira de manière à la garantir des mouches et des souillures.

§ 3. — *Les os.*

Les cuisiniers désignés doivent s'efforcer d'acquérir l'habileté nécessaire au désossage des viandes crues. Aucune théorie ne peut remplacer la pratique d'une telle opération qui, bien faite, réduira le temps de cuisson, permettra d'obtenir des portions plus présentables et pourra procurer aux hommes un surcroît de bien-être sans qu'il en coûte rien.

Ces os ne seront pas ajoutés, en raison de leur volume, aux préparations exécutées dans les ustensibles de campement collectif ou individuel.

Mais avec ces os brisés au préalable, on pourra préparer sur les braises restant des foyers des soupes, des bouillons qui seront consommés le lendemain matin avant le départ.

§ 4. — *Les légumes secs, le riz.*

Il ne sera pas toujours possible de procéder au trempage des légumes secs.

On fera le trempage à l'eau tiède pendant une heure si on a le temps.

Les légumes secs cuisent mal s'ils sont vieux ou s'ils sont cuits avec une eau calcaire ou dure.

On sait qu'il se produit une incrustation de l'enveloppe extérieure par les sels de chaux et le durcissement devient tel que l'eau même bouillante ne peut plus pénétrer et ramollir cette enveloppe.

Pour obvier à cet inconvénient, on ajoutera à chaque litre d'eau 30 centigrammes de cristaux de soude (on en trouve partout) et on attendra que le trouble blanc produit par l'addition de ce sel ait disparu.

L'eau tirée à clair est alors aussi bonne que possible pour la cuisson des légumes.

Si on ne peut faire le trempage des légumes on opérera de la manière suivante :

1° Jeter les légumes secs dans un récipient plein d'eau, afin de les débarrasser des poussières et des graviers qu'ils peuvent contenir ;

2° Les retirer et les mettre sur le feu, couverts d'eau propre, amener l'eau à l'ébullition ;

3° Aussitôt que l'eau bout, retirer les légumes du feu, jeter l'eau de cuisson, la remplacer par de l'eau froide ;

4° Procéder ensuite à la cuisson comme si les légumes avaient trempé.

Les juliennes devront tremper à l'eau froide pendant un temps plus ou moins long suivant leur degré de sécheresse.

Le riz est un excellent préservatif contre la dysenterie et un aliment susceptible de préparations rapides, variées et toutes excellentes, soit qu'on le prépare seul, soit qu'on l'accommode avec les viandes.

On s'efforcera de garantir cette denrée contre l'humidité, car le riz qui a été mouillé contracte une mauvaise odeur.

Il ne faut pas le faire tremper avant de le cuire, il suffit de le trier, de le laver soigneusement et de l'égoutter avant de l'employer.

§ 5. — *Les potages condensés.*

Ces potages, qu'ils proviennent de l'administration ou du commerce, portent en général sur les boîtes ou enveloppes le mode de préparation auquel il suffira de se reporter.

§ 6. — *Les pâtes alimentaires.*

Les pâtes alimentaires (macaroni, tapioca, vermicelle, petites pâtes, etc...) ne supportent pas une ébullition prolongée. Elles se désagrègent et troublent la limpidité du bouillon.

En raison même de leur rapidité de cuisson, elles sont un adjuvant précieux pour la cuisine de campagne ou de manœuvres.

On augmente leurs qualités nutritives en les préparant au gras ou avec du fromage de Gruyère.

§ 7. — *Lard et saindoux.*

Si le transport du lard ne comporte aucune difficulté, il n'en est pas de même du saindoux.

Pour faciliter le transport de cette denrée, l'usage s'est introduit, dans certains corps, de doter les escouades d'une boîte à condiments obtenue sans frais en coupant des boîtes de conserves vides et en utilisant deux parties qui ont encore leur fond. Le métal de l'une, convenablement martelé, s'emboîte dans l'autre qui forme couvercle.

Il est également avantageux d'habituer les hommes à être toujours porteurs d'un ou deux oignons.

CHAPITRE II

Établissement des cuisines. — Préparation du feu. Conseils divers.

L'emplacement des cuisines est choisi dans les endroits abrités le plus possible des intempéries et à proximité de l'eau.

L'article 26 du chapitre III de l'instruction pratique du 24 octobre 1900 sur les travaux de campagne donne dans son premier alinéa la manière d'établir des foyers au camp ou au bivouac :

« Etablir des foyers entre deux ou quatre pierres sur lesquelles reposent les marmites. A défaut de pierres, creuser dans le sol une simple tranchée sur les bords de laquelle les marmites sont placées. »

Cette façon de procéder est rapide et convient parfaitement lorsqu'on n'a pas à séjourner longtemps au même endroit.

Mais lorsqu'on s'attend à passer plusieurs jours sur le même emplacement, il est conseillé de construire les foyers de la manière suivante :

Creuser en croix sur le sol deux tranchées très peu larges pour permettre d'y placer les marmites. Elever avec des gazons, des mottes de terre ou des pierres une cheminée au point de croisement des rigoles, compléter si possible le dispositif en plaçant dans la cheminée deux ou trois boîtes de conserves évidées. Disposer les marmites autour des quatre foyers ainsi construits.

Ce genre de fourneaux est d'une construction facile et rapide.

Il assure un tirage convenable aux quatre foyers qu'elle que soit la direction du vent, et il est possible d'y brûler du bois vert ou mouillé et même du charbon de terre en y installant une grille de fortune.

On peut y placer la cuisine d'une section entière, ce qui permet d'en laisser la surveillance à un ou deux hommes seulement (avantage précieux les jours de pluie ou de fatigue).

En pratiquant une légère excavation en avant du foyer et du côté du vent, les cuisiniers pourront s'asseoir et se reposer à l'abri d'une claie qui les préservera du soleil ou de la pluie.

Si, en raison du vent ou de la pluie, on ne peut enflammer à l'air le papier ou la paille destinés à l'allumage, procéder à cette opération dans l'intérieur d'une marmite après avoir pris le soin de placer en avant du foyer les brindilles les plus inflammables.

Les foyers seront, autant que possible, établis à une certaine distance des murs pour ne causer aucune détérioration.

Après les repas, les ustensiles seront rapportés aux cuisines et lavés à l'eau chaude de préférence.

On ne cherchera pas à enlever complètement la couche noirâtre causée par le feu.

S'il est nécessaire, les gamelles individuelles et le campement seront nettoyés en ne faisant usage que de cendres de bois, de terres argileuses ou calcaires triées, pilées et délayées dans un peu d'eau, de manière à former une pâte douce et épaisse.

On évitera de se servir de sable ou de toute autre matière susceptible d'abîmer le métal de ces ustensiles.

Le nettoyage se fera au moyen de papiers, de chiffons, d'herbes, de feuilles, de bouchons de paille, etc...

Quand tout sera terminé, les foyers seront éteints soigneusement et il sera procédé à la toilette des abords qui devront toujours être débarrassés des épluchures, croûtes, etc.

Ces détritus seront portés soit à l'endroit indiqué par les habitants, soit aux feuillées, soit tout simplement enfouis si on est à la grand'halte.

Si des ustensiles ont été empruntés, ils seront remis aux habitants par le caporal ou le chef d'escouade et cette remise sera toujours accompagnée d'un remerciement.

En suivant ces conseils, aux manœuvres notamment, les troupes trouveront toujours dans les localités où elles séjourneront le meilleur accueil de la part des populations et l'empressement le plus sincère à augmenter le bien-être du soldat.

CHAPITRE III

Recettes culinaires.

Un certain nombre des recettes de ce formulaire ne sont exécutables qu'au cantonnement ou au bivouac, lorsqu'on a du temps devant soi. D'autres, au contraire, peuvent se préparer très rapidement et sont à utiliser en particulier au cours des grand'haltes.

En tête de chaque recette on a mis la durée nécessaire à sa

confection. Cette durée part du moment où le feu est allumé et la marmite placée sur le foyer.

Les proportions indiquées sont des proportions normales. Il reste entendu qu'on ne devra jamais hésiter à ajouter de l'eau à la soupe pour gratifier d'un potage chaud un isolé que les circonstances amèneraient près de l'escouade au moment du repas.

Dans l'énumération des denrées, il n'a pas été fait mention du poivre. Toutes les préparations indiquées peuvent avantageusement en comporter.

MANIÈRE DE DOSER RAPIDEMENT LES DENRÉES

On peut recourir aux moyens suivants :

Une cuillère à soupe bien pleine contient :

Farine.	0 k. 025	Café moulu.	0 k. 012
Sucre cristallisé.	0 k. 030	Sel.	0 k. 040
Saindoux.	0 k. 030	Sel, emplie rase.	0 k. 020
Café en grains.	0 k. 016		

Le gobelet ou quart, d'un volume de 25 centilitres (tare 86 grammes), contient :

Riz.	0 k. 240	Sucre cristallisé.	0 k. 245
Légumes secs.	0 k. 210	Café en grains.	0 k. 100
Farine.	0 k. 140	Café moulu.	0 k. 110
Sel.	0 k. 240		

La gamelle individuelle, d'un volume de 125 centilitres (tare 415 grammes), contient environ :

Pommes de terre coupées.	1 k.	Légumes secs.	1 k. 080
Carottes coupées. . . .	0 k. 700	Sel.	1 k. 120
Oignons coupés.	0 k. 900	Sucre cristallisé.	1 k. 220
Choux émincés.	0 k. 300	Café en grains.	0 k. 490
Poireaux émincés. . .	0 k. 500	Café moulu.	0 k. 550
Riz.	1 k. 200	Pain émincé.	0 k. 200

Il est facile enfin d'avoir des gamelles et marmites graduées par litre (ce qui peut se faire au corps même) pour mesurer rapidement les ingrédients divers dont on a besoin.

Si l'on fait usage du campement individuel, on admettra que le couvercle de la marmite en aluminium, bien rempli, a approximativement la même contenance que la gamelle individuelle. Dans les formules qui suivent, dans un but de simplification, on ne parlera donc que de la gamelle individuelle.

Quant au lard, le mesurage rapide comporte l'emploi de la cuillère, mais il est bien entendu que le lard est supposé coupé en petits morceaux et fortement tassé.

LES SOUPES

La proportion de pain pour les soupes a été établie à 0 kil. 050 par homme et par soupe. Ce qui correspond pour quatre hommes à une gamelle individuelle remplie de pain émincé. On peut remplacer ce pain pour quatre hommes par 100 grammes ou deux galettes de pain de guerre. Ces quantités peuvent être, bien entendu, augmentées si les autres aliments sont en moindre proportion.

N° 1. — Soupe grasse (repas complet).

(Temps nécessaire : 1 h. 45.)

Pour quatre hommes.

DENRÉES.	DOSAGE RAPIDE.	POIDS.
Bœuf.	4 rations (2 repas).	1 k. 600
Saindoux.	2 cuillerées.	0 k. 060
Oignons.	2 moyens.	0 k. 100
Carottes en quartiers.	1/3 de gamelle (ind.).	0 k. 200
Choux coupés.	1 gamelle comble.	0 k. 400
Pommes de terre en quartiers.	2 gamelles.	2 k.
Sel.	1 cuillère comble.	0 k. 040
Eau.	4 gamelles.	4 l. 1/2
Pain émincé.	1 gamelle.	0 k. 200

A) *Apprêts préalables.* — Préparer le feu.

Désosser le bœuf et le diviser en seize morceaux réguliers.

Eplucher les oignons, les couper en quartiers. Eplucher le chou, le laver et diviser en deux ou en quatre. Eplucher les pommes de terre, laver, couper en quartiers. Couper le pain en tranches minces et répartir dans les gamelles.

Ou broyer le pain de guerre au moyen de la hachette et le répartir dans les gamelles.

B) *Méthode.* — Mettre le saindoux dans la gamelle de campement. Faire chauffer et ajouter le bœuf, faire rissoler pendant dix minutes. Ajouter un litre d'eau et laisser bouillir pendant quinze minutes. D'autre part et en même temps : mettre dans la marmite les oignons et les carottes. Couvrir avec l'eau (deux litres et demi).

Ajouter les deux tiers du sel et faire bouillir pendant un quart d'heure.

Mettre les morceaux de bœuf et l'eau ayant servi à les mouiller dans la marmite.

Laisser cuire le tout pendant quarante minutes.

Mettre les choux. Compléter le mouillement si c'est nécessaire et laisser cuire pendant quarante minutes encore.

Pendant que s'opère la cuisson dans la marmite, mettre les pommes de terre dans la gamelle de campement, les couvrir avec moitié eau et moitié bouillon prélevé dans la marmite et faire cuire sur feu vif pendant vingt ou vingt-cinq minutes.

Pour servir, verser la soupe dans les gamelles et donner ensuite huit morceaux de bœuf avec les légumes (les huit morceaux restant sont réservés pour la grand'halte du lendemain).

Observations. — Les opérations doivent être conduites de façon à obtenir la cuisson simultanée des divers éléments. Les récipients en usage ne permettant pas de mettre ensemble tous les légumes indiqués et la viande, il est nécessaire d'adjoindre une gamelle de campement pour la cuisson des pommes de terre.

On peut également utiliser cette formule en n'opérant qu'avec un seul ustensile : la marmite.

On placerait alors le surplus des légumes (pommes de terre) dans le couvercle de cette marmite.

La viande serait mise à rissoler dans la marmite avec les carottes et les oignons.

Mouiller à sept ou huit centimètres du bord. Saler. Après une heure de cuisson ajouter le chou et les pommes de terre, sauf celles qui seraient mises à cuire dans le couvercle.

N° 2. — Soupe grasse au bœuf de conserve (repas complet).

(Temps nécessaire : 1 h. 30.)

Pour quatre hommes.

DENRÉES.	DOSAGE RAPIDE.	POIDS.
Bœuf (conserve).	4 demi-rations (1 repas).	0 k. 400
Saindoux ou lard.	2 cuillères.	0 k. 060
Carottes en quartiers.	3/4 de gamelle.	0 k. 500
Oignons coupés.	1/3 de gamelle.	0 k. 300
Choux coupés.	4 gamelles.	1 k. 200

DENRÉES.	DOSAGE RAPIDE.	POIDS.
Sel.	1 forte cuillère.	0 k. 025
Eau.	3 gamelles.	3 litres.
Pain émincé.	1 gamelle.	0 k. 200

A) *Apprêts préalables*. — Préparer le feu.

Si on emploie du lard en bande, le racler, le laver et le couper en petits morceaux carrés.

Eplucher les carottes, les laver et les couper en quartiers.

Eplucher le chou, le laver et le couper en quatre ou en huit.

Retirer le bœuf de conserve de la boîte.

Couper le pain en tranches minces.

B) *Méthode*. — Mettre le saindoux ou le lard en bande dans la marmite.

Faire chauffer sur feu vif.

Ajouter les carottes et les oignons.

Faire blondir en remuant toujours sur feu vif.

Mouiller avec l'eau, faire bouillir.

Ajouter les deux tiers du sel.

Si on opère avec le lard en bande, diminuer la quantité de sel.

Laisser cuire à ébullition soutenue pendant vingt-cinq minutes.

Ajouter les choux. Laisser cuire à ébullition modérée pendant trente-cinq minutes.

Ajouter le bœuf de conserve et laisser chauffer pendant dix minutes.

Pour servir, mettre le bœuf et les deux tiers des légumes dans le couvercle de la marmite et verser la soupe dans les gamelles où l'on aura mis le pain émincé.

Observations. — Le mouillement total de la soupe grasse pouvant être trop court, étant donnée la place occupée dans la marmite par la viande et les légumes, on aura soin, pendant la cuisson, de faire bouillir de l'eau dans le couvercle de la marmite pour augmenter le mouillement de la soupe après avoir retiré le bœuf et une partie des légumes.

N· 3. — Potage Cultivateur.

(Temps nécessaire : 1 heure.)

Pour quatre hommes.

DENRÉES.	DOSAGE RAPIDE.	POIDS.
Saindoux ou lard..............	2 cuillerées..............	0 k. 060
Oignons en tranches..........	2 gros ou 3 moyens........	0 k. 150
Carottes en tranches..........	1/4 de gamelle...............	0 k. 150
Chou émincé.	1/2 de gamelle.	0 k. 250
Pommes de terre en tranches.	1/4 de gamelle...............	0 k. 250
Riz.	Un 1/2 quart................	0 k. 120
Sel.	1 forte cuillère.	0 k. 025
Eau.	3 gamelles................	3 litres.

A) *Apprêts préalables.* — Préparer le feu.

Eplucher les oignons, les couper en tranches minces.

Eplucher et laver les carottes, les couper en tranches minces.

Eplucher et laver le chou, le diviser en menus morceaux.

Eplucher les pommes de terre, les laver et les couper en tranches minces.

Trier le riz et le laver.

B) *Méthode.* — Mettre le saindoux dans la gamelle de campement et faire chauffer.

Ajouter les oignons et les carottes.

Faire revenir sur le feu pendant cinq minutes en remuant avec une cuillère.

Mouiller avec l'eau.

Mettre les deux tiers du sel.

Ajouter les choux et les pommes de terre.

Laisser cuire à ébullition soutenue pendant vingt-cinq minutes.

Ajouter le riz bien égoutté et laisser cuire pendant vingt minutes encore.

Goûter le potage, ajouter le restant du sel si c'est nécessaire.

N· 4. — Soupe riz-pain-sel.

(Temps nécessaire : 35 minutes.)

Pour quatre hommes.

DENRÉES.	DOSAGE RAPIDE.	POIDS.
Saindoux.	2 cuillerées.	0 k. 060
Oignons.	3 gros ou 4 moyens...........	0 k. 200

DENRÉES.	DOSAGE RAPIDE.	POIDS.
Riz.	Un 1/2 quart.	0 k. 120
Sel.	1 forte cuillère.	0 k. 025
Eau.	3 gamelles.	3 litres.
Pain de guerre	2 galettes.	0 k. 100

A) *Apprêts préalables.* — Préparer le feu.

Eplucher les oignons, les couper en tranches minces.

Trier le riz et le laver.

Broyer le pain de guerre avec la hachette de campement et aussi finement que possible.

B) *Méthode.* — Mettre le saindoux dans la marmite, faire chauffer.

Ajouter l'oignon et le faire blondir.

Ajouter la poudre de pain de guerre. Remuer sur le feu deux ou trois minutes.

Mouiller avec l'eau.

Ajouter les deux tiers du sel, faire bouillir.

Ajouter le riz, laisser cuire vingt minutes.

Goûter, mettre le restant du sel si c'est nécessaire et verser dans les gamelles.

N° 5. — Soupe aux pommes de terre.

(Temps nécessaire : 30 minutes.)

Pour quatre hommes.

DENRÉES.	DOSAGE RAPIDE.	POIDS.
Saindoux.	2 cuillerées.	0 k. 060
Pommes de terre en tranches.	1/2 gamelle.	0 k. 500
Oignons en tranches.	4 gros ou 5 moyens.	0 k. 250
Sel.	1 forte cuillère.	0 k. 025
Eau.	3 gamelles.	3 litres.
Pain émincé.	1 gamelle.	0 k. 200

A) *Apprêts préalables.* — Préparer le feu.

Eplucher, laver et couper les pommes de terre en tranches régulières.

Eplucher les oignons, les couper en tranches minces.

Couper le pain en tranches minces.

B) *Méthode.* — Mettre le saindoux dans la marmite et le faire chauffer.

Ajouter les oignons, faire revenir cinq minutes en remuant avec la cuillère.

Mettre les pommes de terre et faire revenir deux minutes en remuant avec la cuillère.

Mouiller avec l'eau.

Ajouter les deux tiers du sel et laisser cuire à petite ébullition pendant vingt minutes.

Goûter et ajouter le restant du sel si c'est nécessaire.

Verser la soupe dans les gamelles où l'on aura mis le pain émincé.

N° 6. — Soupe paysanne avec légumes emportés cuits.

(Temps nécessaire : 25 minutes.)

Pour quatre hommes.

DENRÉES.	DOSAGE RAPIDE.	POIDS.
Saindoux.	2 cuillerées.	0 k. 060
Oignons.	2 gros ou 3 moyens.	0 k. 150
Carottes en quartiers.	1/3 de gamelle.	0 k. 250
Pommes de terre en quartiers.	1/4 de gamelle.	0 k. 250
Sel.	1 forte cuillère.	0 k. 025
Eau.	3 gamelles.	3 litres.
Pain.	1 gamelle.	0 k. 200

A) *Apprêts préalables* (la veille au cantonnement).

Eplucher les oignons, les carottes, les pommes de terre, les laver et les couper en menus morceaux.

Faire chauffer le saindoux dans la marmite.

Ajouter les oignons et les carottes.

Faire cuire sur le feu pendant quinze minutes en remuant souvent, ajouter les pommes de terre.

Laisser cuire, la marmite couverte, sur feu doux pendant vingt minutes.

Répartir après le repas du soir les légumes ainsi cuits dans des gamelles individuelles.

B) *Méthode.* — Le lendemain, à la grand'halte.

Mettre les légumes dans la marmite sur le feu.

Faire chauffer pendant cinq minutes.

Mouiller avec l'eau, assaisonner avec les deux tiers du sel.

Laisser bouillir sur feu modéré pendant quinze minutes.

Goûter, ajouter le restant du sel si c'est nécessaire.

Verser dans les gamelles où on aura préalablement mis le pain émincé.

N° 7. — Soupe à l'oignon.

(Temps nécessaire : 25 minutes.)

Pour quatre hommes.

DENRÉES.	DOSAGE RAPIDE.	POIDS.
Saindoux.	2 cuillerées.	0 k. 060
Oignons.	3 oignons moyens.	0 k. 150
Farine.	2 cuillères combles.	0 k. 050
Sel.	1 forte cuillère.	0 k. 025
Eau.	3 gamelles.	3 litres.
Pain émincé.	1 gamelle.	0 k. 200

A) *Apprêts préalables.* — Préparer le feu.
Éplucher les oignons, les couper en tranches minces.
Couper le pain en tranches minces.

B) *Méthode.* — Mettre le saindoux dans la marmite et le faire chauffer.
Ajouter l'oignon émincé, faire blondir deux minutes en remuant avec la cuillère.
Saupoudrer avec la farine, faire revenir une minute.
Mouiller avec l'eau, ajouter les deux tiers du sel et laisser cuire pendant quinze à dix-huit minutes à ébullition soutenue.
Goûter, ajouter le restant du sel si c'est nécessaire.
Verser dans les gamelles sur le pain émincé.

N° 8. — Soupe à l'oignon rapide.

(Temps nécessaire : 20 minutes.)

Pour quatre hommes.

Les mêmes denrées qu'à la formule précédente.

A) *Apprêts préalables.* — La veille au soir, après le repas :
Faire chauffer le saindoux.
Ajouter l'oignon émincé, faire blondir.
Mettre la farine, remuer avec une cuillère pendant deux minutes.
Retirer ce roux du feu et laisser refroidir dans la marmite où s'est effectuée la cuisson.

B) *Méthode.* — Sur le terrain :
Préparer le feu.

Faire chauffer le roux pendant une minute.

Mouiller avec l'eau. Ajouter les deux tiers du sel.

Faire bouillir.

Laisser cuire cinq à six minutes.

Goûter, ajouter le sel si c'est nécessaire.

Verser dans les gamelles où l'on aura mis le pain préalablement émincé.

NOTA. — Cette soupe est tout indiquée pour être consommée le matin avant le départ du cantonnement.

En raison de sa confection rapide, elle rendra également de grands services aux avant-postes.

N° 9. — Soupe à la farine.

(Temps nécessaire : 20 minutes.)

Pour quatre hommes.

DENRÉES.	DOSAGE RAPIDE.	POIDS.
Saindoux.	2 cuillerées.	0 k. 060
Farine.	4 cuillerées combles.	0 k. 100
Sel.	1 forte cuillère.	0 k. 025
Eau.	3 gamelles.	3 litres.
Pain émincé.	1 gamelle.	0 k. 200
Ou pain de guerre.	ou 2 galettes. . . . . ou	0 k. 100

A) *Apprêts préalables.* — Préparer le feu.

Couper le pain en tranches minces ou broyer grossièrement le pain de guerre.

B) *Méthode.* — Mettre le saindoux dans la marmite et faire chauffer.

Ajouter la farine, remuer le mélange avec un bâton ou une cuillère et laisser revenir deux ou trois minutes seulement (afin que le mélange reste blanc).

Mouiller avec l'eau, saler avec les deux tiers du sel.

Laisser bouillir en remuant de temps en temps pendant dix à douze minutes.

Goûter, ajouter le restant du sel si c'est nécessaire.

Verser bouillant sur le pain dans les gamelles.

N° 10. — Potage Vauban.

(Temps nécessaire : 30 minutes.)

Pour quatre hommes.

DENRÉES.	DOSAGE RAPIDE.	POIDS.
Blé en grains..................	Un 1/2 quart fort............	0 k. 100
Saindoux.	2 cuillerées.	0 k. 060
Sel.	1 forte cuillère.	0 k. 025
Eau.	3 gamelles.	3 litres.

A) *Apprêts préalables.* — Préparer le feu.

Faire légèrement griller le blé en le remuant de façon à empêcher la carbonisation.

Le moudre dans le moulin à café ou le broyer grossièrement.

B) *Méthode.* — Délayer le blé avec de l'eau froide. Incorporer l'eau peu à peu pour éviter les grumeaux.

Mettre le mélange à bouillir sur feu doux en remuant constamment avec un morceau de bois.

Laisser cuire douze à quinze minutes.

Ajouter le sel, le saindoux et répartir dans les gamelles individuelles.

N° 11. — Soupe Vigneronne.

(A consommer froide.)

Pour quatre hommes.

DENRÉES.	DOSAGE RAPIDE.	POIDS.
Vin.	1 gamelle.	1 litre.
Eau.	1 gamelle.	1 litre.
Sucre cristallisé.	5 cuillères combles.	0 k. 160
Pain émincé.	1 gamelle.	0 k. 200

Méthode. — Mettre fondre le sucre dans l'eau. Ajouter le vin. Répartir sur le pain dans les gamelles.

NOTA. — Cette soupe est particulièrement appréciée des hommes, surtout en été où on peut la donner à consommer à la grand'halte ou dans l'après-midi.

N° 12. — Soupe à la minute de Percy.

(Temps nécessaire : 10 minutes.)

Pour quatre hommes.

DENRÉES.	DOSAGE RAPIDE.	POIDS.
Saindoux.	2 cuillerées.	0 k. 060

DENRÉES.	DOSAGE RAPIDE.	POIDS.
Oignons.	2 gros ou 3 moyens.	0 k. 100
Ail.	2 gousses.	0 k. 005
Farine.	4 cuillères combles.	0 k. 100
Poivre.	1/4 de cuillère.	0 k. 005
Sel.	1 forte cuillère.	0 k. 025
Eau.	3 gamelles.	3 litres.
Pain émincé.	1 gamelle.	0 k. 200

Percy, célèbre chirurgien en chef des armées de Napoléon, dit dans ses mémoires que « grâce à cette préparation dont les éléments se trouvent partout, lui et ses camarades de popote se sont toujours suffisamment alimentés là où les autres crevaient de faim ».

A) *Composition de la pâte.* — Utiliser tel corps gras qui se rencontrera : lard fondu, graisse, huile.

Faites chauffer dans la gamelle de campement 0 kil. 060 de ce corps gras et y faire frire deux gousses d'ail et un gros oignon hachés menus.

Remuer sans cesse avec une cuillère et incorporer autant de farine que le corps gras pourra en absorber jusqu'à la formation d'une pâte compacte, soit à peu près 100 grammes de farine.

A défaut de farine de blé, on utiliserait de la farine de maïs ou de la poussière de biscuit écrasé.

Saler et poivrer d'une forte pincée de poivre.

Cette pâte peut être conservée après refroidissement dans une gamelle individuelle ; elle est capable d'une conservation dépassant plusieurs mois.

En pratique, étant donné que sa préparation ne demande qu'un quart d'heure, il vaut mieux la renouveler souvent.

B) *Fabrication de la soupe.* — Mettre l'eau dans la marmite et amener à ébullition.

Délayer dans une gamelle individuelle une cuillerée à soupe par homme de la pâte alimentaire, avec un peu d'eau chaude pour commencer la dissolution.

Jeter cette pâte délayée dans l'eau bouillante, remuer le mélange.

Laisser bouillir cinq minutes.

Goûter, compléter l'assaisonnement s'il y a lieu.

Verser le liquide bouillant sur le pain émincé mis au préalable dans les gamelles.

N° 13. — Bouillon d'os.

(Temps nécessaire : 1 h. 30.)

Pour quatre hommes.

Denrées.	Dosage rapide.	Poids.
Les os retirés des viandes.		
Saindoux.	2 cuillerées.	0 k. 060
Oignons émincés.	3 gros ou 4 moyens.	0 k. 150
Carottes en quartiers.	1/4 de gamelle.	0 k. 150
Chou émincé.	1/2 gamelle forte.	0 k. 250
Pommes de terre en tranches.	1/4 de gamelle.	0 k. 250
Sel.	1 forte cuillère.	0 k. 025
Eau.	3 gamelles.	3 litres.
Pain.	1 gamelle.	0 k. 200

A) *Apprêts préalables.* — Préparer le feu.

Casser les os retirés des viandes en morceaux aussi menus que possible.

Eplucher les oignons, les couper en tranches minces.

Eplucher et laver les carottes, les couper en quartiers.

Eplucher et laver le chou, le diviser en menus morceaux.

Eplucher et laver les pommes de terre, les couper en tranches minces.

B) *Méthode.* — On se conformera à la méthode indiquée au potage cultivateur.

Le riz sera remplacé par du pain qu'on émincera dans les gamelles individuelles.

N° 14. — Potage aux pâtes.

Dans toutes les formules qui précèdent et qui comportent du pain, les pâtes alimentaires et le riz peuvent lui être substitués dans la proportion de 20 à 25 grammes par homme.

Ces pâtes sont ajoutées à la soupe dix à quinze minutes avant de servir.

Le riz demande une cuisson un peu plus longue (vingt-cinq à trente minutes).

Avoir soin de maintenir une ébullition modérée mais soutenue pendant les temps indiqués.

CHAPITRE IV

Apprêts des viandes.

N° 15. — Bœuf de conserve aux haricots.

(Temps nécessaire : 2 h. 45.)

Pour quatre hommes.

Denrées.	Dosage rapide.	Poids.
Bœuf (conserve)............	4 demi-rations.............	0 k. 400
Saindoux, lard.............	2 cuillerées...............	0 k. 060
Haricots blancs............	Un 1/2 quart................	0 k. 120
Sel........................	1/2 cuillère rase..........	0 k. 010
Eau.......................	3 gamelles................	3 litres.

A) *Apprêts préalables.* — Préparer le feu.

Si l'outillage et si les circonstances le permettent, faire blanchir les haricots en opérant ainsi : les mettre dans la marmite avec de l'eau légèrement salée.

Amener le liquide à l'ébullition.

Laisser bouillir cinq minutes et égouter.

Le blanchissage préalable permettra de mieux cuire les haricots.

Couper le lard en bande en petits morceaux carrés.

Ouvrir la boîte de conserve (le chef d'escouade est porteur d'un couteau à ouvrir les boîtes de conserve).

B) *Méthode.* — Mettre le lard dans la marmite, le faire fondre sur feux doux.

Mouiller avec l'eau, faire bouillir.

Mettre les haricots dans la marmite.

Goûter, ajouter le sel si c'est nécessaire.

Fermer la marmite et laisser cuire pendant deux heures à ébullition modérée mais soutenue.

Quinze minutes avant de servir, démouler le bœuf de conserve, le diviser en rations de même volume.

Les mettre dans la gamelle de campement et lorsque les haricots sont cuits, les renverser dessus.

Nota. — La seule chaleur des haricots doit suffire à réchauffer les morceaux de bœuf. On pourra toutefois placer quelques instants la gamelle sur le feu.

N° 16. — Potée aux choux (repas complet).

(Temps nécessaire : 2 h. 30.)

Pour quatre hommes.

DENRÉES.	DOSAGE RAPIDE.	POIDS.
Bœuf.	4 rations (2 repas).	1 k. 600
Lard en bande.	2 cuillerées.	0 k. 060
Oignons en quartiers.	2 gros ou 3 moyens.	0 k. 150
Carottes en quartiers.	1/4 de gamelle.	0 k. 150
Pommes de terre.	2 gamelles.	2 k.
Choux émincés.	1 gamelle 1/2.	0 k. 500
Sel.	1 forte cuillère.	0 k. 025
Eau.	3 gamelles.	3 litres.
Pain.	1 gamelle.	0 k. 200
Ou pain de guerre.	2 galettes.	0 k. 100

A) *Apprêts préalables.* — Préparer le feu.

Désosser le bœuf et le diviser en seize morceaux ou huit demi-rations.

Casser les os aussi menus que possible ou les scier, les employer dans la potée ou les réserver pour préparer une soupe qui sera distribuée chaude le lendemain matin au réveil.

Laver le lard en bande et le diviser en huit morceaux réguliers.

Éplucher les oignons et les couper en quartiers.

Éplucher les carottes, les laver, les couper en quartiers.

Éplucher les pommes de terre, les laver et les couper en quatre ou en huit morceaux suivant leur grosseur.

Éplucher les choux, les laver et les diviser en menus morceaux.

Couper le pain en tranches minces ou, si l'on utilise du pain de guerre, le briser en menus morceaux.

B) *Méthode.* — Mettre le lard dans le couvercle de la marmite et le faire revenir sur le feu pendant cinq minutes.

Ajouter les oignons et les carottes, puis les morceaux de bœuf. Faire rissoler en remuant pour que la cuisson se répartisse de façon égale.

Pendant que le lard et la viande rissolent dans le couvercle de la marmite, mettre l'eau dans la marmite et la placer sur le feu.

Ajouter le chou et laisser bouillir dix minutes.

Mettre dans la marmite le lard et la viande rissolés.

Ajouter les deux tiers du sel.

Laisser cuire à ébullition soutenue pendant cinquante minutes.

Ajouter les pommes de terre et laisser cuire encore pendant trente-cinq minutes.

Verser la soupe dans les gamelles où on aura préalablement mis le pain.

Réserver les quatre demi-rations de viande pour le repas du lendemain matin.

Observation. — Si le mouillement était trop abondant pour pouvoir contenir dans la marmite lorsqu'on y ajoutera le lard et la viande, on retirera une partie du bouillon que l'on tiendra en réserve dans le couvercle de la marmite ou dans une gamelle individuelle et on l'ajoutera à la potée au fur et à mesure de la réduction.

N° 17. — Ragoût de bœuf à l'Anglaise.

(Temps nécessaire : 1 h. 45.)

Pour quatre hommes.

DENRÉES.	DOSAGE RAPIDE.	POIDS.
Bœuf.	4 rations (2 repas).	1 k. 600
Oignons.	2 oignons moyens.	0 k. 100
Carottes.	1/3 de gamelle.	0 k. 200
Pommes de terre.	2 gamelles.	2 k.
Sel.	1 forte cuillère.	0 k. 025
Eau.	2 gamelles.	2 litres.

A) *Apprêts préalables.* — Préparer le feu.

Désosser le bœuf et le diviser en seize morceaux réguliers. Casser les os qui seront ajoutés dans la soupe.

Eplucher les oignons, les couper en tranches épaisses.

Eplucher les carottes, les laver, les couper en tranches de moyenne épaisseur.

Eplucher les pommes de terre, les laver, les couper en quatre ou en huit selon leur grosseur.

B) *Méthode.* — Mettre le bœuf, les oignons et les carottes dans la gamelle de campement.

Couvrir le tout avec de l'eau, ajouter les deux tiers du sel.

Faire bouillir et laisser cuire à ébullition soutenue pendant une heure quinze minutes.

Ajouter les pommes de terre, mouiller complémentairement avec de l'eau si c'est nécessaire.

Goûter, ajouter le restant du sel s'il y a lieu.

Laisser cuire pendant vingt-cinq à trente minutes.

Observation. — Il sera consommé huit morceaux de bœuf ; le restant sera mis en réserve pour le repas du lendemain.

N° 18. — Bœuf à la Crécy.

(Temps nécessaire : 1 h. 45.)

Pour quatre hommes.

DENRÉES.	DOSAGE RAPIDE.	POIDS.
Bœuf.	4 rations (2 repas)	1 k. 600
Saindoux.	2 cuillerées.	0 k. 060
Oignons.	1 gros ou 2 moyens	0 k. 050
Carottes.	1/2 gamelle.	0 k. 300
Farine.	2 cuillères combles.	0 k. 050
Sel.	1 forte cuillère.	0 k. 025
Eau.	2 gamelles 1/2.	2 l. 1/2

A) *Apprêts préalables.* — Préparer le feu.

Désosser le bœuf et le diviser en seize morceaux réguliers (les os cassés seront ajoutés dans la soupe).

Eplucher les oignons et les couper en quartiers.

Eplucher les carottes, les laver et les couper en menus morceaux.

B) *Méthode.* — Mettre le saindoux dans la gamelle de huit hommes et le faire chauffer.

Ajouter le bœuf, les oignons et les carottes.

Faire rissoler pendant douze minutes en remuant avec une cuillère.

Saler (les deux tiers du sel) et saupoudrer avec la farine.

Laisser rissoler cinq à six minutes en remuant pour empêcher d'attacher.

Mouiller avec l'eau. Le mouillement doit bien recouvrir la viande et les légumes.

Faire bouillir et laisser cuire à feu modéré mais soutenu pendant une heure vingt minutes.

Observation. — Ce ragoût doit être fait dans la gamelle de campement. Il est difficile, en effet, de préparer un ragoût lié à la farine dans une marmite droite et profonde. Si on est au cantonnement, il y aura avantage à placer un couvercle sur la gamelle. On obtiendra ainsi une cuisson plus rapide et plus régulière.

N° 19. — Carbonnade de bœuf à la Lyonnaise.

(Temps nécessaire : 1 h. 45.)

Pour quatre hommes.

Denrées.	Dosage rapide.	Poids.
Bœuf.....................	4 rations (2 repas)...........	1 k. 600
Saindoux ou lard............	2 cuillerées................	0 k. 060
Oignons..................	1/3 de gamelle...............	0 k. 250
Sel....................	1 forte cuillère.............	0 k. 025
Pain de guerre (facultatif)....	2 galettes................	0 k. 100
Eau.....................	2 gamelles 1/2.............	2 l. 1/2

Observation. — Si on emploie du lard en bande, la proportion de sel sera ramenée à 0,010.

A) *Apprêts préalables.* — Préparer le feu.

Couper le bœuf en seize tranches minces que l'on aplatira aussi finement que possible.

Éplucher les oignons et les couper en tranches minces.

Si l'on opère avec du lard en bande, le couper en petits morceaux carrés.

Broyer le pain de guerre pour le réduire en poudre aussi fine que possible.

B) *Méthode.* — Faire chauffer le saindoux dans la gamelle.

Faire rissoler les tranches de bœuf après les avoir salées : les retirer de la gamelle.

Ajouter l'oignon et faire blondir.

Remettre les tranches de bœuf dans la gamelle en les plaçant par couches successives.

Saupoudrer chaque couche d'une forte cuillerée de poudre de pain de guerre.

Mouiller avec l'eau de façon que la viande baigne complètement.

Faire bouillir. Laisser cuire à ébullition modérée mais soutenue pendant une heure un quart environ.

Si, pendant la cuisson, le mouillement réduit trop rapidement, ajouter quelques cuillerées d'eau.

N° 20. — Pilaff de bœuf à la Française.

(Temps nécessaire : 1 h. 45.)

Pour quatre hommes.

DENRÉES.	DOSAGE RAPIDE.	POIDS.
Bœuf...............................	4 rations (2 repas)............	1 k. 600
Saindoux...........................	2 cuillerées...................	0 k. 060
Oignons............................	2 gros ou 3 moyens.............	0 k. 100
Riz................................	Un 1/2 quart...................	0 k. 120
Sel...............................	1 forte cuillère...............	0 k. 025
Eau...............................	2 gamelles 1/2.................	2 l. 1/2

A) *Apprêts préalables.* — Préparer le feu.

Désosser le bœuf et le couper en très petits morceaux carrés (trente-deux environ).

Eplucher les oignons et les hacher.

Trier le riz et le laver.

B) *Méthode.* — Faire chauffer le saindoux dans la gamelle de campement.

Ajouter le bœuf, le faire bien rissoler en remuant avec la cuillère.

Assaisonner (les deux tiers du sel).

Ajouter l'oignon haché, faire rissoler en remuant avec la cuillère.

Mouiller avec l'eau.

Faire bouillir et laisser cuire à ébullition modérée mais soutenue pendant une heure.

Ajouter le riz.

Recouvrir la gamelle si la chose est possible et laisser cuire à feu très modéré pendant vingt-cinq à trente minutes sans remuer.

N° 21. — Cuisson rapide de la viande.

(Temps nécessaire : 8 minutes.)

Les apprêts de viande indiqués précédemment nécessitent un temps de cuisson assez long et ne peuvent être exécutés qu'au cantonnement.

Si le temps presse, on fera sauter les viandes en opérant comme il suit :

Couper la viande en tranches minces.

La battre avec le dos de la hache ou le plat de la pelle-bêche.

L'assaisonner (sel et poivre) et la faire vivement sauter dans le saindoux fumant.

REMARQUE CONCERNANT LES VIANDES DE MOUTON ET DE CHEVAL

Les préparations indiquées pour la viande de bœuf peuvent être également exécutées avec du mouton ou du cheval.

Cette dernière viande très comestible et très nourrissante ne fera pas défaut en campagne et il est à prévoir qu'elle remplacera souvent les autres viandes.

Le bouillon obtenu avec de la viande de cheval sera d'autant meilleur que cette viande sera plus fraîche.

Les temps de cuisson seront prolongés d'une demi-heure environ.

Le cheval fournit un bouilli un peu ferme mais très savoureux.

On ne destinera aux ragoûts que de la viande de cheval abattu de la veille et mortifiée.

Avoir soin de battre cette viande avant de l'employer.

CHAPITRE V

Apprêts des légumes et de la farine.

N° 22. — Haricots blancs au lard.

(Temps nécessaire : 3 heures.)

Pour quatre hommes.

DENRÉES.	DOSAGE RAPIDE.	POIDS.
Haricots blancs.	1 quart environ.	0 k. 240
Lard en bande.	2 cuillerées.	0 k. 060
Oignons.	2 gros ou 3 moyens.	0 k. 150
Sel.	1 forte cuillère.	0 k. 025
Eau.	3 gamelles.	3 litres.

A) *Apprêts préalables.* — Préparer le feu.

Trier les haricots et les laver.

Si les circonstances le permettent on les fera tremper, sinon on les blanchira en les faisant bouillir pendant cinq à six minutes dans deux litres d'eau et en les égouttant.

Laver le lard en bande et le couper en menus morceaux réguliers.

Eplucher les oignons et les couper en quartiers.

B) *Méthode.* — Mettre le lard en bande dans la marmite, le faire revenir sur le feu pendant cinq minutes.

Ajouter l'oignon et faire revenir pendant deux minutes.

Mouiller avec l'eau, ajouter les haricots.

Faire bouillir, ajouter les deux tiers du sel et laisser cuire à petite ébullition soutenue pendant deux heures et demie.

Goûter et ajouter le restant du sel si c'est nécessaire.

N° 23. — Pommes de terre au lard.

(Temps nécessaire : 35 minutes.)

Pour quatre hommes.

DENRÉES.	DOSAGE RAPIDE.	POIDS.
Pommes de terre épluchées...	1 gamelle 1/2.	1 k. 400
Lard.	2 cuillerées.	0 k. 060
Oignons.	2 gros ou 3 moyens.	0 k. 100
Sel.	1/2 cuillère rase.	0 k. 010
Eau.	1 gamelle.	1 litre.

A) *Apprêts préalables.* — Préparer le feu.

Eplucher les pommes de terre, les laver et les couper chacune en quatre ou six morceaux suivant la grosseur.

Eplucher l'oignon, les couper en tranches minces.

Couper le lard en bande en petits morceaux carrés de même dimension (après l'avoir paré, raclé et lavé).

B) *Méthode.* — Faire rissoler légèrement le lard en bande dans le couvercle de la marmite.

Ajouter l'oignon émincé, faire roussir très légèrement.

Ajouter les pommes de terre.

Assaisonner avec les deux tiers du sel.

Mouiller avec l'eau (les pommes de terre doivent complètement baigner).

Faire bouillir et laisser cuire à ébullition modérée mais soutenue pendant vingt-cinq minutes.

Observations. — Couvrir si possible le récipient pendant la cuisson. Si le mouillement réduit trop rapidement, on ajoutera de l'eau.

Ce plat peut se confectionner dans la gamelle à huit hommes et on pourra alors augmenter les proportions.

Nᵒ 24. — Pommes de terre rissólées.

(Temps nécessaire : 10 minutes.)

Pour quatre hommes.

Denrées.	Dosage rapide.	Poids.
Pommes de terre cuites à l'eau.	2 gamelles.	2 k. 000
Saindoux.	2 cuillerées.	0 k. 060
Sel.	3/4 de cuillère rase.	0 k. 015

A) *Apprêts préalables.* — Préparer le feu.

Les pommes de terre ayant été cuites à l'eau la veille au cantonnement seront épluchées et coupées en tranches régulières.

B) *Méthode.* — Mettre le saindoux dans la gamelle et le faire chauffer fumant.

Ajouter les pommes de terre. Saler.

Faire rissoler sur feu modéré en remuant avec une cuillère.

Servir aussitôt.

Nᵒ 25. — Pommes de terre au lard ou rata rapide.

(Temps nécessaire : 20 minutes.)

Pour quatre hommes.

Denrées.	Dosage rapide.	Poids.
Pommes de terre cuites à l'eau.	2 gamelles.	2 k. 000
Lard en bande.	2 cuillerées.	0 k. 060
Oignons.	2 oignons moyens.	0 k. 100
Sel.	1/2 cuillère rase.	0 k. 010
Eau.	1/2 gamelle.	1/2 litre

A) *Apprêts préalables.* — Préparer le feu.

Eplucher les pommes de terre cuites la veille et les couper en tranches épaisses.

Couper le lard en bande en petits morceaux carrés.

Eplucher les oignons et les couper en tranches minces.

B) *Méthode.* — Mettre le lard dans la gamelle et le faire fondre sur le feu.

Ajouter l'oignon émincé et laisser rissoler une minute en remuant.

Ajouter les pommes de terre.

Saler (les deux tiers du sel).

Mouiller de façon que les pommes de terre baignent complètement.

Faire bouillir et laisser cuire à petite ébullition pendant quinze minutes.

Goûter et ajouter le restant du sel si c'est nécessaire.

N° 26. — Pommes de terre à la Paysanne.

(Temps nécessaire : 10 minutes.)

Pour quatre hommes.

Denrées.	Dosage rapide.	Poids.
Pommes de terre cuites à l'eau.	2 gamelles.	2 k. 00.
Saindoux.	2 cuillerées.	0 k. 060
Oignons.	1/4 de gamelle fort.	0 k. 200
Farine.	2 fortes cuillerées combles...	0 k. 060
Sel.	1 cuillère rase.	0 k. 020
Eau.	2 gamelles.	2 litres.

A) *Apprêts préalables.* — 1° La veille au cantonnement.

Faire cuire les pommes de terre à l'eau salée.

Les égoutter et une fois refroidies les éplucher.

Les enfermer dans les gamelles.

Éplucher les oignons, les couper en tranches minces.

Mettre le saindoux dans la marmite, faire chauffer, ajouter l'oignon, faire revenir cinq minutes.

Saupoudrer avec la farine, faire blondir en remuant pour bien mélanger.

Laisser refroidir dans la marmite, tasser le mélange en couches régulières et bien essuyer les parois de la marmite.

2° Le lendemain, à la grand'halte.

Mettre le roux sur le feu, faire chauffer.

Mouiller avec l'eau, remuer pour bien mélanger.

Assaisonner.

Laisser bouillir cinq minutes.

Ajouter les pommes de terre coupées en grosses tranches régulières, laisser chauffer cinq minutes.

Observation. — On pourra ajouter à ce ragoût la viande cuite la veille.

N° 27. — Riz à la Chinoise.

(Temps nécessaire : 30 minutes.)

Pour quatre hommes.

Denrées.	Dosage rapide.	Poids.
Riz.	1 quart plein.	0 k. 240
Sel.	1 forte cuillère.	0 k. 025
Eau.	2 gamelles 1/2.	2 l. 1/2

A) *Apprêts préalables.* — Préparer le feu.
Trier le riz, le laver et l'égoutter.

B) *Méthode.* — Mettre l'eau dans la gamelle, ajouter le sel.
Faire bouillir, **ajouter le riz.**
Laisser cuire à ébullition soutenue pendant vingt minutes.
Retirer la gamelle du feu.
Egoutter le riz.
Remettre la gamelle sur le feu très modéré et laisser sécher deux ou trois minutes.
Servir aussitôt.

Observations. — Le riz cuit au naturel sera rendu plus savoureux et plus nutritif si on lui ajoute après cuisson 60 grammes de saindoux.

N° 28. — Crêpes à la Lorraine.

(Temps nécessaire : 30 minutes.)

Pour quatre hommes.

Denrées.	Dosage rapide.	Poids.
Saindoux.	1 cuillère 1/2.	0 k. 040
Farine.	3 quarts 1/2.	0 k. 500
Sel.	1 forte demi-cuillère.	0 k. 012
Eau.	1 gamelle.	1 litre.

A) *Apprêts préalables.* — Préparer le feu.
Mettre la farine dans une gamelle, ajouter le sel.
Délayer avec l'eau en versant peu à peu et en remuant avec une cuillère pour obtenir un mélange sans grumeaux.
Ce mélange doit être assez consistant pour bien napper la cuillère.

B) *Méthode.* — Mettre dans la gamelle de huit hommes 20 grammes de saindoux.

Faire bien chauffer.

Verser dans la gamelle la moitié du mélange de farine et d'eau.

Laisser cuire à feu modéré pendant six à huit minutes.

Retourner la crêpe et la laisser cuire encore pendant six minutes. La retirer.

Recommencer l'opération avec le restant du saindoux et de la pâte.

Observation. — Ces préparations peuvent se faire avec toutes les farines.

Si l'on opère avec le couvercle de la marmite à quatre hommes on fera quatre crêpes au lieu de deux.

N° 29. — Quenelles de farine.

(Temps nécessaire : 45 minutes.)

Pour quatre hommes.

DENRÉES.	DOSAGE RAPIDE.	POIDS.
Farine.	5 cuillerées combles.	0 k. 120
Sel (pâte).	1/3 de cuillère rase.	0 k. 006
Eau (pâte).	1/2 quart.	1 décil.
Sel (cuisson).	1 cuillère rase.	0 k. 020
Eau (cuisson).	2 gamelles.	2 litres.

A) *Apprêts préalables.* — Préparer le feu.

Mettre la farine dans une gamelle individuelle, ajouter 6 grammes de sel.

Verser 1 décilitre d'eau peu à peu dans la gamelle et en remuant avec une cuillère pour obtenir une pâte bien lisse et un peu consistante.

B) *Méthode.* — Mettre l'eau de cuisson dans une grande gamelle avec 20 grammes de sel.

Placer la gamelle sur le feu et faire bouillir.

Lorsque l'eau est en pleine ébullition, jeter des morceaux de la pâte indiquée ci-dessus de la grosseur d'une noix (prendre la pâte avec une cuillère).

Laisser cuire les quenelles à ébullition soutenue pendant dix minutes.

On reconnaît que les quenelles sont cuites lorsqu'elles surnagent à la surface de l'eau et lorsqu'elles sont fermes au toucher.

Egoutter les quenelles et les servir aussitôt.

Observation. — Les proportions indiquées pour ces quenelles sont établies pour les servir en remplacement de légumes.

Sitôt égouttées, on pourra les faire sauter dans du saindoux brûlant.

Si ces quenelles sont destinées à remplacer le pain, les proportions de farine seront augmentées suivant le taux indiqué à la table des substitutions (0 kil. 180 par homme en remplacement d'un tiers de la ration de pain ou de pain de guerre).

N° 30. — Roussettes ou beignets de campagne.

(Temps nécessaire : 30 minutes.)

Pour quatre hommes.

DENRÉES.	DOSAGE RAPIDE.	POIDS.
Farine.	10 cuillères pleines.	0 k. 250
Sel.	1/3 de cuillère	0 k. 007
Eau.	1/2 quart.	0 k. 125
Saindoux.	4 cuillerées.	0 k. 125

A) *Apprêts préalables.* — Faire fondre le sel dans l'eau.

Délayer la farine en incorporant peu à peu l'eau salée pour obtenir une pâte ferme.

Aplatir cette pâte avec un rouleau (manche d'outil ou bouteille vide).

Découper cette pâte en morceaux de 5 à 10 centimètres de côté en lui donnant toutes les formes qu'on voudra (les quatre as, des carrés, des triangles, etc...).

B) *Méthode.* — Faire fondre le saindoux dans une gamelle de campement et, lorsqu'il est chaud, y jeter les beignets jusqu'à friture complète.

Observation. — Après la cuisson on utilisera le saindoux restant pour une autre préparation.

Ces beignets peuvent se conserver plusieurs jours.

Ils seront rendus plus savoureux en les sucrant légèrement une fois cuits ou en incorporant deux œufs à la pâte si l'occasion le permet.

N° 31. — Pain sans levain.

(Temps nécessaire : 30 minutes.)

Pour quatre hommes (deux galettes).

DENRÉES.	DOSAGE RAPIDE.	POIDS.
Farine.	20 cuillères combles.	0 k. 500
Sel.	2/3 de cuillère.	0 k. 014
Eau.	1 quart.	0 k. 025
Saindoux (facultatif).	1/2 cuillère.	0 k. 015

A) *Apprêts préalables.* — Faire fondre le sel dans l'eau.

Délayer la farine en incorporant peu à peu l'eau salée pour obtenir une pâte ferme.

Diviser cette pâte en deux et aplatir chaque partie en se servant d'un rouleau (manche d'outil ou bouteille vide).

Donner la forme d'une galette de la grandeur du fond de la gamelle de campement.

Rayer le dessus de la galette avec la pointe d'un couteau pour empêcher le rétrécissement de la pâte.

B) *Méthode.* — Graisser légèrement le fond de la gamelle de campement (ce graissage a simplement pour but de ménager l'étain de l'ustensile).

Mettre la galette sur le foyer et laisser cuire à feu modéré pendant dix minutes.

Retourner la galette et la retirer après cuisson finale (cinq minutes).

Même opération pour la seconde galette.

Ces galettes peuvent être mangées telles quelles en guise de pain.

Si on les emploie dans les soupes on les cassera en morceaux que l'on fera mijoter cinq ou six minutes.

CHAPITRE VI

Les boissons.

N° 32. — Le café.

La ration normale (16 grammes de café, 21 grammes de sucre)

est destinée à confectionner deux cafés, l'un est consommé au réveil, l'autre est bu à la grand'halte.

Avec la ration forte (24 grammes de café et 32 grammes de sucre) on prépare trois cafés.

Les hommes éviteront de faire des quantités de cette boisson hors de proportion avec les denrées dont ils disposent.

Il est d'usage, dans beaucoup de corps, de faire conserver à un homme sur quatre un bidon plein d'eau propre afin de gagner du temps à la grand'halte.

En manœuvres ou en campagne les unités ont à leur disposition des moulins à café (quelquefois des moulins à café filtre Klepper) à raison d'un ustensile par demi-section.

Avoir soin de moudre le café ou de n'émietter les tablettes qu'au moment de s'en servir.

Méthode. — Faire bouillir l'eau nécessaire (un quart de litre par homme) dans une marmite ou dans une gamelle de campement si l'on est pressé.

Aussitôt que l'eau bout, retirer la marmite du feu, verser le café moulu à raison de 8 grammes par homme, soit deux cuillerées combles pour trois.

Ajouter le sucre.

Mélanger avec un bâton.

Couvrir soigneusement la marmite et laisser infuser cinq ou six minutes.

Filtrer soit au filtre soit au moyen d'une passoire, d'une flanelle ou d'un linge humide.

On peut encore, au lieu de filtrer, verser très peu d'eau froide dans le café pour faire déposer le marc.

Au bout d'un instant on sert le café en évitant d'agiter pour ne pas remuer le marc.

Afin de conserver son goût au café et son arome, il est recommandé de ne pas utiliser le marc provenant du café de la veille.

Café allongé. — Le marc de café peut être utilisé séance tenante pour la confection d'une boisson tonique et rafraîchissante.

Lorsque le café est servi on reverse la même quantité d'eau bouillante sur le marc, on sucre très légèrement, on agite et on laisse reposer.

Cette boisson, mise dans les bidons individuels, est emportée pour la route, soit au départ, soit en quittant la grand'halte.

Nº 33. — Thé.

Dans bien des cas, le thé remplacera avantageusement le café. La confection de cette boisson est des plus simples et elle offre l'avantage de faire consommer à la troupe et sans répugnance de l'eau soumise à l'ébullition.

Préparation. — Faire bouillir de l'eau dans la gamelle de campement.

Réchauffer la marmite en y versant un demi-litre d'eau chaude que l'on jette.

Mettre le thé en feuilles dans la marmite à raison de 10 grammes par litre d'infusion, soit 50 grammes pour 5 litres si on veut emplir la marmite.

Verser l'eau bouillante, ajouter le sucre, agiter une seconde avec un bâton.

Laisser infuser près du feu mais sans faire bouillir (cinq à six minutes).

Servir ou verser dans les bidons individuels.

Ne jamais laisser séjourner la boisson sur les feuilles infusées.

Thé allongé. — Pour obtenir du thé allongé, il suffit de dédoubler l'infusion en y ajoutant une quantité égale d'eau bouillie.

On peut encore, si on veut agir économiquement, se contenter de verser sur les feuilles qui viennent de servir à l'infusion une quantité d'eau bouillante égale à celle qui a servi à faire le thé.

Laisser infuser trois ou quatre minutes et verser dans les bidons.

Nº 34. — Eau de boisson.

Chaque fois qu'il y aura le moindre doute sur la qualité de l'eau de boisson, on la soumettra, avant de la consommer, à une ébullition préalable.

MANIÈRE DE CONSERVER LA SOUPE OU LE CAFÉ CHAUDS PENDANT LA NUIT

Le procédé suivant, indiqué par la circulaire du 22 mars 1907, permet d'éviter aux hommes un réveil prématuré et aussi de leur distribuer pendant la nuit, en cas d'alerte, une boisson suffisamment chaude :

Dans le sol sur lequel sont installées les cuisines, on pratique une excavation au fond de laquelle sont déposées des braises chaudes mais non ardentes en aussi grande quantité que possible.

Après avoir été soigneusement enveloppée de paille, la marmite, entièrement remplie de café bouillant, est placée dans cette excavation qui est ensuite complètement comblée avec de la terre.

Après dix à onze heures de nuit très fraîche, la température variant de — 8 degrés à + 10 degrés, celle du café est de 50 degrés et même 60 degrés, c'est-à-dire très suffisante pour en faire une boisson réconfortante.

TABLE DES MATIÈRES

Pages.

Préliminaires.   5

CHAPITRE Iᵉʳ

Le personnel, les denrées.   7
§ 1. Les cuisiniers.   7
§ 2. Les viandes.   7
§ 3. Les os.   8
§ 4. Les légumes secs, le riz.   9
§ 5. Les potages condensés. 10
§ 6. Les pâtes alimentaires. 10
§ 7. Lard et saindoux. 10

CHAPITRE II

Etablissement des cuisines. — Préparation du feu. — Conseils divers. 11

CHAPITRE III

Recettes culinaires. 12
Manière de doser rapidement les denrées. 13
Numéros.
1. Soupe grasse. 14
2. Soupe grasse au bœuf de conserve. 15
3. Potage cultivateur. 17
4. Soupe riz-pain-sel. 17
5. Soupe aux pommes de terre. 18
6. Soupe paysanne avec légumes emportés cuits. 19
7. Soupe à l'oignon. 20
8. Soupe à l'oignon rapide. 20
9. Soupe à la farine. 21
10. Potage Vauban. 22
11. Soupe vigneronne. 22
12. Soupe à la minute de Percy. 22
13. Bouillon d'os. 24
14. Potage aux pâtes. 24

CHAPITRE IV

Apprêts des viandes. 25
15. Bœuf de conserve aux haricots. 25
16. Potée aux choux. 26
17. Ragoût de bœuf à l'anglaise. 27
18. Bœuf à la Crécy. 28
19. Carbonnade de bœuf à la lyonnaise. 29
20. Pilaff de bœuf à la française. 29
21. Cuisson rapide de la viande. 30

CHAPITRE V

Numéros.   Pages.

APPRÊTS DES LÉGUMES ET DE LA FARINE................................... 31
22. Haricots blancs au lard... 31
23. Pommes de terre au lard.. 32
24. Pommes de terre rissolées... 33
25. Pommes de terre au lard ou rata rapide.............................. 33
26. Pommes de terre à la paysanne... 34
27. Riz à la chinoise... 35
28. Crêpes à la lorraine... 35
29. Quenelles de farine.. 36
30. Roussettes ou beignets de campagne.................................. 37
31. Pain sans levain... 38

CHAPITRE VI

LES BOISSONS.. 38
32. Le café... 38
33. Le thé.. 40
34. Eau de boisson.. 40
    Manière de conserver la soupe ou le café chauds pendant la
    nuit.. 40

Paris et Limoges. — Impr. milit. H. CHARLES-LAVAUZELLE.

IMPRIMERIE ET LIBRAIRIE MILITAIRES

Henri CHARLES-LAVAUZELLE

PARIS, Boulevard Saint-Germain, 118, Rue Danton, 10. — Avenue Baudin, 62, LIMOGES

ADMINISTRATION ET COMPTABILITÉ INTÉRIEURES DES CORPS DE TROUPE. — **Ordinaires — Livre de cuisine militaire en garnison.** (Volume arrêté à la date du 22 novembre 1908.) In-8º de 164 pages.............. 1 25

ADMINISTRATION ET COMPTABILITÉ INTÉRIEURES DES CORPS DE TROUPE. — **Ordinaires.** (Volume, mis à jour à la date du 15 juin 1909.) In-8º de 254 pages.. 2 »

Service des subsistances militaires. Instruction du 15 février 1909 sur l'alimentation en campagne. Volume arrêté à la date du 15 février 1909.) In-8º de 76 pages, cartonné........................... » 60

Documents relatifs à la répression des fraudes dans l'armée. Brochure in-8º de 46 pages................................... » 50

DE L'INSPECTION DES VIANDES. — **Guide à l'usage des officiers d'approvisionnement et des officiers de distribution des corps de troupe,** par A. CARRIÈRE, vétérinaire au 10º régiment de hussards. (Illustrations de H. DE CAMPROGER, sous-lieutenant de réserve au 10º régiment de hussards.) Volume in-18 de 176 pages................................ 3 »

De l'expertise de la viande dans les corps de troupe par le médecin militaire, par MIALARET, médecin-major de 2º classe. Brochure in-8º de 60 pages.. 1 25

De l'inspection des viandes dans les corps de troupe, par DEYSINE, vétérinaire en 1ᵉʳ au 7º dragons. Brochure in-8º de 36 pages........ » 75

Etude sur la fabrication des conserves de viande, par M. DAROLLES, sous-intendant militaire de 1ʳᵉ classe. Brochure in-8º de 24 pages... » 50

Etude sur la conserve de viande et son essai chimique, par M. BOUSSON, pharmacien-major de 1ʳᵉ classe. Brochure in-8º de 24 pages, avec tableau... » 50

HYGIÈNE ALIMENTAIRE. — **De la fabrication des conserves de viande,** par F. SAUVAIN, vétérinaire au 10º régiment d'artillerie, docteur en médecine. Volume in-8º de 60 pages, avec 9 gravures dans le texte...... 1 50

Notice sur les conserves de viande, l'installation et l'utilisation des établissements frigorifiques, les potages condensés, les salaisons, la graisse de saindoux et les produits pouvant remplacer, dans l'alimentation, la viande de boucherie et les conserves de viande. — Brochure in-8º de 84 p., avec 6 figures.. » 80

Notice sur les viandes de boucherie. — In-8° de 84 pages, 14 figures, tableaux... » 75

Notice sur la boucherie militaire de Toul, par P. MARCHEIX, sous-intendant militaire de 3° classe. — Brochure in-8° de 24 pages...... » 50

Notice sur la boucherie militaire de Verdun et guide pratique pour les achats de bétail et l'inspection des viandes dans l'armée, par C. MARCHAL, vétérinaire en 2° au 8° régiment de dragons, chargé du service de la boucherie militaire de Verdun. — Volume in-8° de 128 p., avec 6 figures... 2 50

Notice statistique sur les approvisionnements de saindoux, graisse d'Amérique et lard en bandes existant en France, par JASSERON, sous-intendant militaire. — Brochure in-8° de 43 pages.................. 1 »

Notions sur la viande fraiche destinée à la troupe. — 3 volumes in-32 :
Tome I. — Généralités sur l'alimentation; achat de la viande sur pied; connaissances professionnelles, avec nombreuses gravures. — Vol. de 92 pages.
Tome II. — Marchés; abattoirs; boucheries; distributions; espèces de viande; transport et entretien du bétail, avec nombreuses gravures. — Volume de 96 pages.
Tome III. — Ordinaires; réglementation; achat de la viande fraiche; cahier des charges. — Volume de 48 pages.
Les 3 volumes reliés pleine toile..................................... 2 25

SERVICE DES SUBSISTANCES MILITAIRES. — **Notice sur le four métallique octogonal, système Godelle.** — Brochure in-8° de 26 pages ...... » 50

L'art culinaire à la caserne, recueil de recettes économiques à l'usage des cuisines régimentaires, par A. GODBERT, chef de cuisine, professeur des cours d'enseignement ménager de la ville d'Amiens. — Volume in-32 de 128 pages.. 1 »

ASSOCIATION MUTUELLE DE CONSOMMATION. — **Histoire d'une coopérative militaire,** par le capitaine E. BOURGEAT, du 26° bataillon de chasseurs à pied. — Brochure in-8° de 24 pages................................. » 60

Manuel de l'alimentation du soldat, à l'usage des commissions des ordinaires et des vivres, par le docteur A. LEJEUNE. — Volume in-32 de 112 pages, relié toile... 1 »

L'alimentation du soldat en campagne, la ration de guerre et la préparation rapide des repas en campagne, par Ch. SCHINDLER, médecin-major de 1re classe. — Volume in-32 de 80 pages, broché. » 50; relié pleine toile gaufrée.. » 75

Les cuisines roulantes, par le commandant PAINVAIN, de la section technique de l'infanterie. — Brochure in-8° de 36 pages, avec 10 photogravures dans le texte... » 75

L'alimentation des armées en campagne, conférence faite par M. MALVY, sous-intendant militaire. — Brochure in-8° de 20 pages............. » 60

La santé du soldat, manuel d'hygiène pratique à l'usage des hommes de troupe, par le docteur G. TELLIER, médecin aide-major. — Volume in-12 de 86 pages, avec 5 gravures dans le texte.......................... » 75

A nos soldats, — Soins et conseils, — **Premiers secours à porter aux blessés,** par le docteur A. TISSOT, de la Faculté de médecine de Paris. — Volume in-32 de 210 pages, cartonné....................... 1 50

Manuel des premiers secours, à l'usage des sous-officiers et soldats. — Brochure in-32 de 48 pages... » 50

Manuel des soins d'urgence à donner aux malades et blessés, à l'usage du personnel auxiliaire du service de santé et des officiers, par le docteur ARMEILLA, médecin aide-major de 1re classe. — Volume in-32 de 218 pages, couverture gaufrée...................................... 1 50

Notions de médecine pratique, par le docteur Paul Roux. — Volume in-32 de 92 pages, broché. » 50; relié pleine toile gaufrée............ » 75

Livret du brancardier militaire, par le docteur Pignet, médecin-major de 2e classe. — Brochure in-8e de 12 pages........................ » 50

Gelures et insolations chez le soldat (en particulier sur les troupes d'infanterie en marche), par le docteur Salle, médecin-major de 1re classe. — Brochure in-8e de 76 pages.................................... 1 50

Service de santé. Dispositions diverses (Edition à jour jusqu'en juillet 1909.) Volume in-8º avec modèles, cartonné................... 3 »

Eléments de comptabilité et d'administration en temps de guerre et exposé des principales situations et prescriptions qui s'y rapportent. Brochure in-8º de 56 pages............................ 1 ,

Comptabilité en campagne et service de l'habillement et du harnachement en temps de guerre (corps de troupes de toutes armes). (Edition à jour jusqu'en février 1908.) In-8º de 168 p., cartonné..... » 85

Instruction du 22 août 1899 sur le **service des subsistances militaires en campagne.** (Mise à jour jusqu'en octobre 1902.) Volume in-8º de 98 pages, cartonné.................................... 1 »

Instruction du 22 août 1899 concernant les officiers d'approvisionnement. (Edition mise à jour jusqu'en novembre 1907.) Volume in-8º de 148 pages, cartonné.. 1 25

Instruction. — 3e volume: Instruction générale sur les manœuvres (manœuvres avec cadres, manœuvres de garnison, manœuvres d'automne). (Volume arrêté à la date du 1er janvier 1904.) In-8º de 144 p., cart... 1 25

Vade-mecum administratif de MM. les capitaines commandants et des sous-officiers comptables, par un officier d'administration des bureaux de l'intendance (16e édition, mise à jour jusqu'au 1er août 1907). Volume in-8º de 454 pages, broché, 2 50; relié toile............... 3 50

Les grandes manœuvres. — Etude critique sur leur exécution, par F. G***. Volume in-8º, de 230 pages, 15 croquis.................... 5 »

Général L***. — **Les grandes manœuvres en 1900.** — Brochure in-8º de 50 pages avec un croquis dans le texte........................... 1 50

Général L***. — **Les grandes manœuvres en 1901.** — Volume in-18 de 254 pages et 2 croquis dans le texte............................ 4 »

Général L***. — **Les grandes manœuvres en 1902.** — Volume in-18 de 184 pages, avec un croquis dans le texte.........·.............. 3 »

Général L***. — **Les grandes manœuvres en 1903,** (étude critique militaire.) Volume in-8º de 234 pages, avec 3 croquis dans le texte.... 3 »

Général L***. — **Les grandes manœuvres en 1904,** (étude critique militaire.) Volume in-8º de 184 pages, avec 5 croquis dans le texte.... 3 »

Général L***. — **Les grandes manœuvres en 1905.** (Etude critique militaire.) Volume in-8e de 240 pages, avec deux croquis dans le texte.. 3 »

Général L***. — **Les grandes manœuvres en 1906.** (Etude critique militaire. Volume in-8º de 274 pages, avec dix croquis dans le texte..... 4 »

Impressions de campagne et de manœuvres (1907-1908). Campagne de Casablanca. manœuvres impériales, manœuvres du Centre, par Réginald Kann. — Volume in-8º de 136 pages, avec 9 croquis et 1 carte dans le texte.. 3 »

Notre armée à l'œuvre. — Aux grandes manœuvres de 1908, par Pierre Baudin. — Volume in-18 de 186 pages, accompagné de deux croquis et d'une carte de la région des manœuvres...................... 3 »

Vade-mecum de l'officier d'état-major en campagne. (8e édition, juin 1909.) Volume in-18 de 478 pages, relié toile.................. 4 »

Memento de l'officier d'infanterie en campagne, par le colonel breveté Cousin (4ᵉ édition, août 1907). Volume in-32 de 380 pages, avec figures et planche en couleurs des fanions, relié toile....................... 2 »

Memento du sous-officier d'infanterie en campagne, par le colonel breveté Cousin. Volume in-32 de 128 pages, avec vignettes......... » 75

Boussole déclinatoire :
De 0ᵐ,07 de côté. l'*une*.. 1 25
De 0ᵐ,07 de côté, à suspension.................................. 1 60
Avec boulons pour carton-planche............................... 2 »

Boussole forme montre, cuivre et melchior :
De 30ᵐᵐ.. 1 »
De 35ᵐᵐ, avec arrêt... 1 55
De 40ᵐᵐ, avec arrêt chape-agate................................ 2 50
Boussole-breloque avec arrêt..................................... 1 »

Curvimètre à cadran, avec étui, servant à mesurer instantanément et sans report à l'échelle les distances sur les cartes géographiques et les plans quelles que soient leurs échelles................................. 3 50

Coupe-papier universel, portant toutes les échelles des cartes en usage, un curvimètre, une boussole, une loupe, une échelle de pentes, la valeur comparative des mesures de longueur employées chez les principales puissances européennes. *Franco*................................. 1 50

Loupe en melchior de 45ᵐᵐ, avec manche........................ » 75

Crayons de couleur :
Mine bleue, qualité supérieure H. C. L........................... » 25
—   rouge,   —   —   .... » 25
—   bistre,   —   —   .... » 25
—   verte,   —   —   .... » 25
—   jaune,   —   —   .... » 25

Crayon des états-majors, hexagonal, à mine de plomb, avec échelle graduée de 0 m. à 10 kil. de la carte d'état-major au 1/50.000ᵉ, la douz. 1 50

Curvimètre à sonnerie, breveté s. g. d. g. approuvé par le Ministre de la guerre, aux échelles : soit du 50.000ᵉ, soit du 80.000ᵉ, l'*un*.......... 2 25

Poche à cartes ou liseur à faces non quadrillées ou quadrillées au 1/80.000ᵉ et 1/100.000ᵉ, format 16 × 11 avec boussole....................... 2 »

La même, sans boussole.. 1 50

Poche à cartes ou liseur à soufflet maroquin s'ouvrant par le haut, fermant par deux boutons à pressoir fixés sur le rabat, quadrillé au 1/80.000ᵉ et 1/100.000ᵉ, dimension 165 × 110.................................... 3 25

Poche à cartes ou liseur réglementaire, soufflet simple, maroquin noir, avec double soufflet permettant d'y placer une épaisseur de carte de 3 centimètres, cordon cuir, pour le porter en bandoulière, quadrillé au 1/80.000ᵉ et 1/100.000ᵉ, dimension environ 23 × 16....................... 6 75

Poche à cartes ou liseur, maroquin, un côté peau, un côté transparent, quadrillé au 1/80.000ᵉ, avec double soufflet et cordon cuir.......... 8 »

(Tous ces modèles peuvent être munis, sur demande, d'une petite boussole, moyennant un supplément de 50 centimes.

www.ingramcontent.com/pod-product-compliance
Lightning Source LLC
LaVergne TN
LVHW022039080426
835513LV00009B/1136